VEGAN

DEIN BASISKOCHBUCH

von Philipp Nied

Schön, dass du dich für DAS VEGAN-BASIS-KOCHBUCH entschieden hast. Ich bin mir sicher, dass du viel Spaß beim Nachkochen, und höchsten Genuss beim Essen meiner Kreationen erleben wirst. Ich wünsche dir schon mal „Guten Appetit"!

ES WARTET NOCH EINE ÜBERRASCHUNG AUF DICH!

Um dir mehr Inspiration für grandiose Leckerbissen zu garantieren, haben mein Team und ich uns noch etwas ganz Besonderes für dich überlegt. Neben den wahnsinnig leckeren Rezepten in diesem Buch bekommst du, wenn du möchtest, jede Woche noch ein zusätzliches Rezept von mir. Und es kommt sogar noch besser! Du darfst sogar selbst wählen, auf welche Art von Rezepten du am meisten Lust hast. So wird es in deiner Küche garantiert nie langweilig und du bekommst immer wieder neue Inspiration von mir.

Und... schon Hunger?

SO FUNKTIONIERT'S

Öffne zuerst auf deinem Handy oder Tablet eine App zum Scannen von QR Codes (Falls du keine QR Code App hast, kannst du eine beliebige im Appstore / Playstore kostenlos runterladen).

Halte dein Handy oder Tablet mit der geöffneten App über meinen QR Code und schon hast du Zugang.

Dein Philipp Nied

INHALT

WAS IST VEGAN ÜBERHAUPT,
UND WAS IST ÜBERHAUPT VEGAN?

Veganer... das sind doch die, die die ganze Zeit nur Karotten futtern, oder? Fehlanzeige!

Vegan ist viel mehr als nur ein bisschen rohes Gemüse. Gleich erfährst du, wie abwechslungsreich und lecker pflanzliche (vegane) Gerichte sein können, also heize schon mal den Backofen vor.

ABER ERST MAL ZUR THEORIE:

Als vegan bezeichnet man alle Lebensmittel und Gerichte, die absolut ohne tierische Produkte erzeugt wurden. Wenn du neu in das Thema eintauchst, und es gewohnt bist „normal" zu kochen, fragst du dich vielleicht, was du dann noch essen sollst, doch die Auswahl ist riesig! Gerade die pflanzliche Ernährung ist so unglaublich vielseitig und abwechslungsreich. Genau das wird dir beim Kochen meiner Rezepte schnell auffallen.

WORAUF VERZICHTET MAN BEI EINER VEGANEN ERNÄHRUNG:

Zuerst einmal: Die pflanzliche Ernährung ist super! Wenn du weißt, wie es richtig geht, und worauf du unbedingt achten musst, ist diese Ernährungsweise sehr gesund, ist gut für unsere Umwelt und natürlich die Tiere. Wenn du allerdings jetzt noch ganz am Anfang deiner Reise stehst, fällt es dir bestimmt schwer, von jetzt auf gleich auf alle der folgenden Produkte zu verzichten. Fang doch einfach langsam an, und steigere die Anzahl deiner pflanzlichen Gerichte Schritt für Schritt.

FOLGENDE DINGE SIND NICHT VEGAN:

Natürlich ganz klar: Fleisch, Fisch und Eier! Aber auch Milch, Butter, Käse, Joghurt, und sogar Gelatine sind tierischen Ursprungs. Wenn du das Ziel hast dich bald komplett vegan zu ernähren, fang doch einfach mit einem Tag in der Woche an, an dem du dich komplett vegan ernährst. Jede Woche einen Tag mehr und du kannst dich in weniger als 2 Monaten komplett daran gewöhnen. Und wenn du nur „Teilzeitveganer" bist, dann genieße einfach die leckeren Rezepte!

SO KANNST DU TYPISCHE TIERISCHE PRODUKTE ERSETZEN

Bei vielen typischen Rezepten werden Zutaten wie Milch, Eier, Butter, Gelatine, Sahne und Co verwendet. Ich zeige dir hier jetzt, wie du bestimmte Zutaten in Standardrezepten einfach austauschen kannst. Dann kannst du beim nächsten nicht veganen Rezept, das du siehst, auch einfach improvisieren.

DAS EI – 7 BEWÄHRTE ALTERNATIVEN

1. **Sojamehl** eignet sich hervorragend als Ei-Ersatz bei Kuchen und Gebäck. Es hat zwar einen leichten Eigengeschmack, aber die Meisten stört das nicht. Probieren geht über Studieren.

   1 Esslöffel Sojamehl ersetzt ein Ei.

2. Eine halbe **reife Banane** ersetzt ein Ei besonders gut bei süßen Sachen, wie Kuchen oder Waffeln.

3. Apfelmus ist ebenfalls ein ausgezeichneter Ei-Ersatz. Der Geschmack geht beim Backen fast vollständig verloren. Am Besten passt es zu Muffins und anderen fluffig feuchten Teigarten.

4. **Gemahlener Leinsamen** eignet sich besonders gut als Ei-Ersatz bei z.B. Vollkorngebäck. Um ein Ei zu ersetzen, brauchst du 2 Esslöffel gemahlene Leinsamen, vermischt mit 3 Esslöffeln Wasser.

5. **Ei-Ersatzpulver** aus dem Bioladen. Es gibt verschiedene Ei-Ersatzpulver, besonders die aus dem Bioladen können dir helfen, ohne dich zu vergiften. Achte bei solchen Produkten einfach darauf, dass keine Chemie enthalten ist. Das ist aber meist bei den Bioprodukten gut gelöst. Im Zweifel einfach nach den Inhaltsstoffen Googlen, wenn du dir unsicher bist. In welchem Verhältnis diese Produkte ein Ei ersetzen, entnimmst du am besten der jeweiligen Produktbeschreibung.

6. Auch **Kichererbsen** können Eier ersetzen: Mahle dafür einfach Kichererbsen fein und rühre einen Esslöffel des Pulvers mit der doppelten Menge Wasser glatt. Fertig ist dein Ei-Ersatz.

7. Wenn du etwas herzhaftes, wie z.B. Gemüsefrikadellen machen möchtest, kannst du die Bindekraft von **Tomatenmark** super als Ei ersetzen. 1 Esslöffel Tomatenmark ersetzt ein Ei.

BUTTER

Auf Streichfette, wie Butter und Margarine, solltest du weitestgehend verzichten, denn sie sind (ob vegan oder nicht) sehr ungesund. So bestehen alle pflanzlichen Streichfette aus gehärteten Fetten, welche alles andere als gesund sind. So viel zum Gesundheitsfaktor von „Butter". Wenn es allerdings um den Geschmack geht, ist „Alsan" eine gute Butteralternative als Brotaufstrich oder in den Kuchen. Du solltest, wenn du dich dafür entscheidest, z.B. Alsan zu verwenden, dich aber für die Bio-Variante entscheiden.

Gibt es auch eine gesunde und leckere Alternative zu Butter? Ja, die gibt es! Zumindest beim Backen eignet sich Kokosöl wirklich gut. Es ist gesund und schmeckt gut in allen Kuchenvariationen und zum Braten. Gedämpftes Kokosöl ist im Geschmack deutlich neutraler und geht meiner Meinung nach auch gut als Butterersatz durch. Es gilt allerdings: Um so mehr ein Lebensmittel, insbesondere Fette und Öle verarbeitet sind, desto mehr verlieren sie ihre guten Eigenschaften.

Und für deinen Brotbelag kann ich dir folgenden Tipp geben: Probiere doch einfach einen leckeren selbstgemachten Aufstrich aus, dann vermisst du gar keine Butter mehr. Die besten Aufstrich-Rezepte findest du natürlich auch in diesem Buch.

MILCH

Bei Milch gibt es sehr viele sehr leckere Alternativen. Die Palette reicht von Soja-, Hafer- und Mandelmilch bis hin zu Haselnussmilch und Cashewmilch. Mein persönlicher Favorit ist, mit weitem Vorsprung, die Haselnussmilch, wenn es um den puren Genuss oder als Milchersatz für Müsli geht. „Die schmeckt wie Nutella in Flüssigform, einfach geil!" Wenn es um eher herzhafte Speisen geht oder ein mehr neutraler Geschmack entstehen soll, kann ich Hafer und Sojamilch sehr empfehlen. Die Milchalternativen gibt es in nahezu jedem Supermarkt. Sie sind aber auch ganz einfach selbst herzustellen. Das Rezept findest du natürlich auch in diesem Buch

SAHNE

Für Sahne gibt es wunderbaren, wirklich gesunden Ersatz. Die beste „vegane Sahne“ ist Hafercreme bzw. Hafer-Cuisine. Diese gibt es in 200 / 250ml Packungen in mittlerweile fast jedem Supermarkt. Alternativ kannst du auch Hafermilch nehmen und sie mit einem EL Mehl auf 150 ml anrühren. Neben Hafermilch gibt es diesen Sahneersatz alternativ auch aus Soja, wobei die Hafer-Cuisine empfehlenswerter ist.

Wichtig: Achte darauf, dass du die Hafer-Cuisine in der Bio-Variante kaufst und dass keine chemischen Zusatzstoffe darin enthalten sind. Die beste Hafercreme findest du bei DM in der Bio- Abteilung für nur 99ct pro Päckchen.

JOGHURT

Sojajoghurt und Sojaquark sind wohl die bekanntesten Joghurtalternativen. Seit nicht ganz so langer Zeit ist aber auch Lupinenjoghurt im Rennen und holt immer weiter auf. Die „veganen Joghurts“ sind eigentlich in fast jedem Supermarkt zu finden. Neben den geschmacksneutralen und ungesüßten Joghurts gibt es oft auch eine Vielfalt an Fruchtjoghurts o.ä.

HONIG

Für Honig gibt es auch fantastische Alternativen. Die zwei Besten sind wohl Agavendicksaft und Ahornsirup. Agavendicksaft ist ein wirklicher Allrounder, der jeglichen Gerichten eine unauffällige Süße geben kann. Ahornsirup schmeckt himmlisch, ist aber vom Aroma etwas kräftiger als sein Agaven-Kollege. Probiere beide mal in einer kleinen Menge pur und überlege dir, was besser zu deinem Essen passt.

DARAUF MUSST DU UNBEDINGT ACHTEN
WENN DU DICH PFLANZLICH ERNÄHRST

Eine ausgewogene Ernährung ist extrem wichtig, ob vegan oder nicht. Besonders wenn du dich vegan ernährst, solltest du noch mehr darauf achten, dass es ausgewogen ist.

Aber was ist eine ausgewogene vegane Ernährung?

Die Basics sind sehr ähnlich wie bei einer nicht-pflanzlichen Ernährung: Wenig Zucker, keine gehärteten Fette und viele Omega-3-Fettsäuren. So weit so gut. Du solltest jedoch auch unbedingt darauf achten dich vielfältig zu ernähren. Esse viele verschiedene Gemüse - und Obstsorten, wechsle deine Beilagen immer gut durch und probiere hin und wieder mal etwas Neues aus. Jede Pflanze enthält verschiedene Vitalstoffe.

Deshalb macht es Sinn, immer verschiedene z.B. Gemüsesorten in Petto zu haben und zu kombinieren. Die ausgewogene Ernährung ist also schon mal eine Sache.

EXKURS VITAMINE: ÜBER DAS VITAMIN B12:

Vitamin B12 ist ein lebenswichtiges Vitamin, dass überwiegend von Mikroorganismen gebildet wird. Die größten Vitamin B12 Quellen findet man heutzutage leider in tierischen Produkten, da die Tiere das Vitamin oft unter ihr Futter gemischt bekommen. Wenn wir uns nun pflanzlich ernähren oder nur wenig tierische Produkte konsumieren, dann führt dies oft auf lange Sicht zu einem zu geringen Vitamin B12 Spiegel. (Das wäre bei Fleischessern und Tieren genau so, sofern Tiere dies nicht supplementiert bekommen würden.) Vitamin B12 selbst zu ergänzen macht also großen Sinn, und zwar nicht nur für Veganer, sondern auch für Fleischesser.

Vitamin B12 ist ein sehr wichtiges Vitamin für Mensch und Tier. Es ist stark an der Blutzellenbildung beteiligt, hält das Herzkreislaufsystem gesund und ist essentiell für ein gesundes Nervensystem. Es sorgt außerdem dafür, dass wir uns fit und voll Energie fühlen.

Die Folgen eines Vitamin B12 Mangels werden meist erst nach vielen Jahren festgestellt. Wenn du mich fragst, ist es das Risiko eines Mangels nicht wert. Am besten besorgst du dir ein Vitamin B12 Nahrungsergänzungsmittel. Ich habe einen Favoriten, doch möchte ich dir hier keine direkte Produktempfehlung geben. Achte darauf, dass das Vitamin in der Form Methylcobalamin vorliegt. Diese Form ist sehr bioverfügbar, also gut vom Körper aufzunehmen. Alle anderen Formen sind von unserem Körper nur schwer absorbierbar.

ÜBER DAS VITAMIN D3

Vitamin D3, ist das Vitamin, das von der Sonne kommt. Vitamin D ist das einzige Vitamin, dass unser Körper selbst bilden kann und zwar durch Sonneneinstrahlung. Das hat Vor- und Nachteile. Der Vorteil ist, dass wir hier in Deutschland von Mai bis September bestens mit Vitamin D3 versorgt sind, wenn wir hin und wieder (der Sonne) etwas Haut zeigen. In den Monaten von Oktober bis April sieht es jedoch ganz anders aus. Hier, in unseren Breitengraden, steht die Sonne dann nicht mehr hoch genug, um uns optimal Vitamin D bilden zu lassen. Außerdem ist uns dann zu kalt, um uns mal in die „Sonne" zu legen.

Vitamin D ist ein sog. Glücksvitamin, es ist sehr stark an der Bildung von unseren Glückshormonen wie z.B. Dopanmin & Endorphin beteiligt. Außerdem ist es ein wichtiger Aktivator, um unsere Knochen mit Kalzium zu versorgen. Ein Mangel kann schnell zu depressivem Verhalten, Energielosigkeit und „schwachen" Knochen führen. Du hast also nun zwei Möglichkeiten. Die eine ist es, mindestens eine Woche in den Wintermonaten in den Süden zu fliegen und dich dort an den Strand zu legen oder, wenn dir das zu viel „Arbeit" ist, solltest du dir Vitamin D3 als Nahrungsergänzung zulegen.

FRÜHSTÜCK

DER FRÜHSTÜCKSPUDDING

CANADA

ZUTATEN

20g Chiasamen

70ml Hafermilch

200g Sojajoghurt

15 ml Ahornsirup

30g Walnüsse

50g Heidelbeeren

SO GEHT'S:

Vorbereitung: Die **Chiasamen** in ein hohes großes Glas oder eine Glasschüssel geben und die **Hafermilch** dazugeben. Decke dein Glas ab und stelle es für eine halbe Stunde in den Kühlschrank.

Mische in einer separaten Schüssel den **Sojajoghurt** mit dem **Ahornsirup** und einem Großteil der **Heidelbeeren** und **Walnüsse**.

Gebe deinen nun lilafarbenen Joghurt in das große Glas mit den **Chiasamen**.

Obendrauf kannst du noch ein paar **Walnüsse** und **Heidelbeeren** als Deko geben und fertig ist ein echter veganer Hingucker für dein Frühstück.

Eine Portion enthält:

500 kcal ***Energie***

32,9 g ***Fett***

26 g ***Kohlenhydrate***

16,2 g ***Eiweiß***

OBSTSALAT MIT LIMETTENDRESSING

GOLDEN FRUITS

ZUTATEN

1 Mango

1 Banane

2 Gold Kiwis

50g Rote Weintrauben

1 Bio Limette

20g Ahornsirup

SO GEHT'S:

Schneide das **Obst** in Würfel in die Größe deiner Wahl und gib es in eine Schüssel.

Reibe etwas von der **Limettenschale** ab (das geht am besten, wenn du sie vorher ganz kurz heiß abwäschst). Gib die abgeraspelte **Limettenschale** in eine kleine separate Schüssel. Presse nun den **Limettensaft** aus und gib ihn zu der Schale in die Schüssel.

Gib den **Ahornsirup** und das **Kurkumapulver** zu deinem Dressing hinzu und übergieße deinen Obstsalat damit.

Eine Portion enthält:

404 kcal ***Energie*** **2,2 g** ***Fett*** **80 g** ***Kohlenhydrate*** **4,7 g** ***Eiweiß***

KNUSPERMÜSLI

ZUTATEN

für zwei Portionen

75g gemischte Flocken
(z.B. Hafer- & Dinkelflocken)

20g Mandeln

20g Haselnüsse

15g Sonnenblumenkerne

45g Ahornsirup

20g Kokosöl

SO GEHT'S:

Heize deinen Backofen auf 180°C vor.

Hacke die **Mandeln, Haselnüsse** und **Sonnenblumenkerne** in grobe Stücke und gib sie in eine Schüssel.

Gib dann die **Flockenmischung** dazu und vermische alles grob miteinander.

Gib den **Ahornsirup** und das **Kokosöl** hinzu und mische alles solange bis es eine Masse ergibt. Es soll KEIN TEIG entstehen. Mische es also vorsichtig mit einem Löffel oder der Hand.

Statte ein Backblech mit Backpapier aus und verteile deine Mischung großzügig auf dem Blech. Am besten so, dass kleinere zusammenhängende Stücke entstehen.

Backe es für ca. 5-8 Minuten bis es goldbraun ist.

Am besten schmeckt es mit selbstgemachter Hafermilch! Das Rezept dazu findest du auf Seite 68.

Eine Portion enthält:

456 kcal ***Energie***

27 g ***Fett***

40 g ***Kohlenhydrate***

10,5 g ***Eiweiß***

FRUCHTHIRSE

ZUTATEN

für zwei Portionen

100g Hirse

400ml Mandelmilch

10 getrocknete Datteln (ungeschwefelt)

2 El Kokosmus

60g gefrorene Himbeeren

20g Agavendicksaft

1 Kaki

Etwas Vanilleextrakt

20g gehackte Mandeln

SO GEHT'S:

Wasche die **Hirse** in einem Sieb kurz ab und bringe sie anschließend mit der **Mandelmilch** in einem Topf zum Kochen. Nachdem sie aufgekocht ist, lass sie 5 Minuten köcheln und dann bei ausgeschaltetem Herd 14 Minuten ziehen.

Schneide in der Zwischenzeit die **Datteln** quer in dünne Ringe. Nimm die gefrorenen **Himbeeren** aus dem Gefrierfach, gib sie in eine Schale und übergieße sie mit dem **Agavendicksaft**. Stell die Schale dann bis zur Weiterverarbeitung wieder in den Kühlschrank.

Wenn die Hirse fertig ist, gib sie mit allen anderen Zutaten, außer den Himbeeren, in eine Schüssel und verrühre sie grob.

Gib einen Teil der Mischung in eine kleine Schale als erste Schicht, gib dann die Himbeeren obendrauf und bedecke sie wieder mit der Hirsemischung.

Zum Toppen kannst du noch einige **Himbeeren** und **Mandelstückchen** darüber legen und mit etwas **Agavendicksaft** verfeinern.

Eine Portion enthält:

470 kcal ***Energie***

20,2 g ***Fett***

57 g ***Kohlenhydrate***

11 g ***Eiweiß***

RÜHREI

ZUTATEN

für eine Portion

200/250g Tofu
nach Wahl

1 Zwiebel
z.B. eine Knoblauchzwiebel

1 kleine Paprika

15g Mandelmus

50g Cashewnüsse

Salz

Schwarzer Pfeffer

aus der Mühle

1TL Kurkuma

10g Olivenöl

SO GEHT'S:

Erhitze das **Olivenöl** in einer Pfanne und zerbrösel das **Tofu** mit den Händen in kleine Stücke.

Wenn das Öl heiß ist, gib das **Tofu** in die Pfanne und lass es 3-4 Minuten leicht anbraten.

Gib dann die **Zwiebelwürfel**, den **Knoblauch**, und die **Paprikawürfel** hinein und würze mit dem **Kurkuma**, **Pfeffer** und **Salz.**

Lass dein „Rührei" unter gelegentlichen Rühren noch ein wenig braten, während du das **Mandelmus** mit **15 ml Leitungswasser** in einem Glas vermischt.

Gib die Mandelmus-Wassermischung nun in die Pfanne und lasse es noch einmal ganz kurz aufkochen.

Nochmal mit **Salz und Pfeffer** abschmecken, **Cashewnüsse** dazu geben und fertig.

Eine Portion enthält:

577 kcal ***Energie***

37 g ***Fett***

16,2 g ***Kohlenhydrate***

40 g ***Eiweiß***

FRÜHSTÜCKS-BURRITO

ZUTATEN

für drei Portionen

3 Tortillas

2 mittelgroße Tomaten

100g eingelegte Paprika

40g Rucola

30g Cashewnüsse

Nach Bedarf vegane Gyrosstreifen
(von LikeMeat Gyrosstreifen, bekommst du mittlerweile in vielen Rewe und Kauflandfilialen, teilweise sogar schon bei LIDL).

FÜR DIE KICHERERBSENCREME:

350g Kichererbsen
(am besten aus der Dose)

20ml Sesamöl

½ Zitrone

1 Knoblauchzehe

Schwarzen Pfeffer aus der Mühle

1 TL Paprikapulver

½ TL Kurkumapulver

½ TL Gemüsebrühe

½ TL Schwarzkümmel

SO GEHT'S:

Backofen auf 160 °C vorheizen.

Die **Kichererbsen** mit allen andern Zutaten (natürlich bis auf die **Zitrone**, die solltest du vorher auspressen und dann den Saft hinzugeben) in eine Schüssel geben und entweder mit dem Stampfer zu einer Masse verarbeiten oder mit dem Mixer zu einer glatten Masse mixen.

Die **Tortillas** vor dem Belegen zum Anwärmen kurz einzeln(!) in den Backofen legen, dann lassen sie sich besser rollen.

Nimm dir den ersten Tortilla zum Belegen heraus und lege dann den zweiten Tortilla in den Backofen. Die Tortillas dürfen nicht zu lange im Ofen bleiben, müssen aber zum Rollen warm sein.

Bestreiche den Tortilla dann erst auf einer Hälfte mit der **Kichererbstencreme** und verteile dann die anderen Zutaten gleichmäßig und dünn auf der bestrichenen Seite.

Dann rollst du den Tortilla mit der belegten Seite zuerst zusammen und knickst zwischendurch die eine Seite mit ein, damit nachher nichts herausfällt.

Eine Portion enthält:

400 kcal ***Energie*** **18,7 g** ***Fett*** **40 g** ***Kohlenhydrate*** **13,3 g** ***Eiweiß***

SÜSSES BOHNENMUS

ZUTATEN

für vier Portionen

300g weiße Bohnen

50ml Haselnussmilch

30g Agavendicksaft oder Ahornsirup

15g Kakaopulver (am besten reinen Backkakao ohne Zucker)

50g Sojajoghurt

15g gebrochene Haselnüsse als Topping

SO GEHT'S:

Achtung: Turborezept

Gib **alle Zutaten** bis auf die Haselnüsse in einen Mixer und mixe solange bis eine cremige glatte Masse entsteht.

Nur noch kurz schön anrichten und fertig!

Eine Portion enthält:

255 kcal *Energie*

5 g *Fett*

34,8 g *Kohlenhydrate*

8,4 g *Eiweiß*

SCHOKO-BRÖTCHEN

ZUTATEN

für 8 Schokobrötchen

250g feines Dinkelmehl

150ml Sojamilch

½ Würfel Hefe

25g Ahornsirup

15g Sonnenblumenöl

60g vegane Schokotropfen

1 Prise Salz

SO GEHT'S:

Erwärme die **Sojamilch** leicht, bis sie ungefähr lauwarm ist und löse dann den halben Würfel **Hefe** darin auf. Gib dann den **Ahornsirup** hinzu und verrühre deine Mischung mit dem **Dinkelmehl** in einer großen Schüssel.

Knete den Teig ca. 5 Minuten lang und mische dann die **Schokotropfen** gleichmäßig unter den Teig. (Falls du gerade keine Schokotropfen zuhause hast, kannst du natürlich auch eine halbe Tafel Schokolade in kleine Stücke hacken #SchonKlarOder.)

Deck den Teig mit einem Handtuch zu und lasse ihn für ca. 30-40 Minuten gehen. Keine Angst, er kommt wieder.

Wenn der Teig aufgegangen ist (bzw. wiedergekommen ist^^), kannst du ihn in kleine Stücke aufteilen und in den vorgeheizten Backofen bei 175°C ca. 10 - 15 Minuten backen bis deine Schokobrötchen eine schöne goldene Farbe haben.

Falls du lieber Rosinenbrötchen magst, die Schokolade einfach durch **Rosinen** ersetzen. Oder wie wäre es mit einer Kombination? Lass deiner Kreativität freien Lauf.

Eine Portion enthält:

250 kcal ***Energie***

4,7 g ***Fett***

46,2 g ***Kohlenhydrate***

5,3 g ***Eiweiß***

PANCAKES

ZUTATEN

für 10 Pancakes

125ml Apfelsaft

125ml beliebige Pflanzenmilch

180g Mehl

2 TL Backpulver

1 Prise Salz

SO GEHT'S:

Vermische zuerst das **Backpulver** mit dem **Mehl** und gebe dann unter Rühren erst den **Apfelsaft** und dann die **Sojamilch** unter das Mehl.

Der Teig braucht nicht lange, nach einigen Sekunden kräftigen Rührens solltest du eine dickflüssige glatte Masse haben.

Je nach Mehlsorte musst du vielleicht noch etwas Saft nachgießen. Der Teig sollte noch so dünn sein, dass er leicht fließen kann.

Tipps fürs Braten der Pancakes
Nimm dir unbedingt eine beschichtete Pfanne und erhitze sie so stark, bis du die Wärme ca. 50cm über der Pfanne mit der Hand spüren kannst. Dreh dann den Herd etwas herunter (ca. 60%) und gib dann den Teig in die heiße Pfanne.

Nach ca. 90 Sekunden solltest du den Pancake wenden. Taste dich aber auch ruhig vorher schonmal langsam heran. Wenn der Teig leicht von der Pfanne abgeht, kannst du ihn wenden.

Pass bei der zweiten Seite etwas besser auf, diese geht meistens etwas schneller und wird schnell schwarz, wenn du sie aus den Augen lässt.

Eine Portion enthält:

72 kcal ***Energie***

0,4 g ***Fett***

15 g ***Kohlenhydrate***

1,8 g ***Eiweiß***

ENGLISH BREAKFAST

ZUTATEN

für zwei Portionen

1 Packung vegane Bio-Bratwürstchen

1 Dose Baked Beans

Roggenbrötchen

FÜR DEN TOFU-SCRAMBLE

200g Tofu natur

1 Rote Zwiebel

1 Knoblauchzehe

Olivenöl

½ TL Salz

½ TL Kreuzkümmel

¼ TL Chili

¼ Tl Kurkuma

1 Strauch frisches Basilikum

Scharfe Sauce

SO GEHT'S:

Die **Würstchen** nach Packungsanleitung braten.
(Ich kann die Bratwürste von „LikeMeat“ sehr empfehlen).

Erhitze die **Baked Beans** sanft in einem kleinen Topf.

Lasse den **Tofu** für die vegan Scrambled Eggs abtropfen, reiße ihn (mit einer Gabel) in kleine Stückchen.

Schneide die **Zwiebel** und den **Knoblauch** in kleine Würfel.

Erhitze eine weitere Pfanne mit etwas **Öl** und dünste die **Zwiebel** und den **Knoblauch** 1-2 Minuten an. Den Tofu dazugeben und einige Minuten anbräunen.

Bereite in der Zwischenzeit die Sauce zu. **Olivenöl** und **alle Gewürze** in einer kleinen Schüssel vermischen und über den **Tofu** gießen. Weitere 3-4 Minuten köcheln lassen und auf einem Teller zusammen mit den **Baked Beans**, den Würstchen und den Brötchen servieren.

Mit **Basilikum** bestreuen und genießen! Je nach Lust kannst du mit scharfer Sauce würzen.

Eine Portion enthält:

670 kcal ***Energie*** | **20 g** ***Fett*** | **70 g** ***Kohlenhydrate*** | **44 g** ***Eiweiß***

AMARANTH-PFIRSICH-FRÜHSTÜCK

ZUTATEN

für zwei Portionen

100g Amaranth

4 Pfirsiche

200ml Mandelmilch

20g Ahornsirup

20g Mandeln

SO GEHT'S:

Gib den **Amaranth** zusammen mit der **Mandelmilch** in einen Topf und lass ihn ca. 10 Minuten leicht köcheln. Danach solltest du ihn noch ca. 10 Minuten bei ausgeschaltetem Herd ziehen lassen.
In der Zwischenzeit kannst du die **Pfirsiche** in kleine Würfel schneiden und zusammen mit dem **Ahornsirup** in eine Schale geben.
Gib den fertigen **Amaranth** dann in eine Schale, mische die **gesüßten Pfirsiche** unter und garniere dein Frühstück noch mit ein paar **Mandeln** und vielleicht noch etwas **Ahornsirup**.

Eine Portion enthält:

350 kcal	*Energie*
13 g	*Fett*
41,5 g	*Kohlenhydrate*
11,5 g	*Eiweiß*

SNACKS

WÜRZIGER SNACK AUS KICHERERBSEN

ZUTATEN

für eine Portion

200g Kichererbsen
aus der Dose

5g Sonnenblumenöl

Schwarzer Pfeffer
aus der Mühle

1TL Paprikapulver

½ TL Cayennepfeffer

n.B. Knoblauchpulver

n.B. Salz

SO GEHT'S:

Heize zuerst schon mal den Backofen auf 175 ° C Umluft vor und statte ein Backblech mit Backpapier aus. Spül die **Kichererbsen** kurz unter kaltem Wasser ab und lasse sie abtropfen.

Lege nun die Kichererbsen gleichmäßig auf das Blech, so dass sie nicht aufeinanderliegen und schiebe sie für ca. 30 Minuten in den Backofen. Du solltest sie aber gut alle 10 Minuten etwas wenden, damit sie gleichmäßig braun werden. Bereite in der Zwischenzeit schon die Gewürzmischung vor, indem du einfach **alle Gewürze** zusammen in eine Schale gibst und etwas vermischst.

Wenn deine Kichererbsen fertig gebacken sind, gib die noch heißen Kichererbsen in eine Schüssel, gib erst etwas **Öl** über sie und schütte dann deine **Gewürzmischung** dazu.

Schwenke die Schale mit den Kichererbsen und den Gewürzen ein wenig, so dass die Gewürze gleichmäßig an den Kichererbsen haften. Lass sie ausgebreitet auf einem großen Teller etwas abkühlen und genieße deine Snacks.

Eine Portion enthält:

290 kcal ***Energie*** · **10 g** ***Fett*** · **30 g** ***Kohlenhydrate*** · **13 g** ***Eiweiß***

BLÄTTERTEIGECKEN

BELLA ITALIA

ZUTATEN

für drei Portionen

250g Blätterteig

200g Tofu

20g Olivenöl

1 Zwiebel

3 EL Tomatenmark

100ml Rotwein

1 Knoblauchzehe

100g Passierte Tomaten

1 EL Oregano

2TL Majoran

1TL Gemüsebrühe

Schwarzer Pfeffer
aus der Mühle

Salz

SO GEHT'S:

Bereite dich vor, indem du den **Tofu** in kleine Stückchen zerbröselst, die **Zwiebel** in kleine Würfel schneidest und den **Knoblauch** fein hackst. Wenn du **tiefgefrorenen Blätterteig** verwendest, solltest du ihn schon frühzeitig auftauen lassen. Erhitze nun das **Olivenöl** in einer großen Pfanne und gib den zerbröselten Tofu in das heiße Olivenöl. Lass ihn unter gelegentlichem Rühren ca. 5 Minuten braten, bevor du dann die Zwiebeln hinzugibst. Lass die Zwiebeln 3 Minuten mitbraten und gib dann den **Knoblauch** und das **Tomatenmark** hinzu.

Lösche den Pfanneninhalt nach weiteren 2 Minuten mit dem **Rotwein** ab und lasse diesen dann bei offenem Deckel verkochen. Wenn der Rotwein mehr oder weniger verkocht ist, füge die **passierten Tomaten** und die **Gewürze** hinzu. Rühre alles noch einmal ordentlich um und lass es dann bei geschlossenem Deckel und ausgeschalteter Herdplatte noch etwas ziehen, während du den Blätterteig vorbereitest. Ich empfehle dir den Blätterteig in kleine Quadrate zu schneiden, ihn auf der Hälfte der Fläche mit der „Bolognese" zu belegen und dann in Dreiecksform zusammenzuklappen.

Lass deine Blätterteigecken bei 190° C Umluft ca. 5-8 Minuten backen bis sie schön goldbraun sind.

Eine Portion enthält:

525 kcal ***Energie*** | **33,3 g** ***Fett*** | **34 g** ***Kohlenhydrate*** | **16,3 g** ***Eiweiß***

KNUSPER-NUGGETS

ZUTATEN

für vier Portionen

400g Tofu

100g ungesüßte Cornflakes

65g Mehl

1TL Rohrzucker

4EL Teriyakisauce / Sojasauce

1TL Paprikapulver

½ TL Kurkumapulver

n.B. Etwas Currypulver

20g Sesam

40g Kokosöl

SO GEHT'S:

Schneide den **Tofu** in kleine etwa daumengroße Streifen und gebe ihn mit der **Teriyaki- oder Sojasauce** in eine Schüssel und lass ihn darin etwas ziehen.

Zerbrösele in der Zeit die **Cornflakes** und gib sie in eine separate Schale. Vermische außerdem das **Mehl** und die **Gewürze** in einer weiteren Schale und vermenge es mit ca. 90 ml Wasser zu einem zähflüssigen Teig.

Wende nun die marinierten Tofusticks zuerst in dem Teig und dann in den Cornflakes.

Erhitze anschließend das **Kokosöl** in einer großen Pfanne und brate dann deine Sticks von beiden Seiten ca. 3 Minuten bis sie goldbraun und knusprig sind.

Eine Portion enthält:

422 kcal ***Energie***

22,8 g ***Fett***

33 g ***Kohlenhydrate***

20,3 g ***Eiweiß***

SELFMADE GUMMIBÄRCHEN

ZUTATEN

für 10 Portionen

200g Erdbeeren

2EL Rohrzucker

1 Päckchen Argatine

Saft einer halben Bio Zitrone

SO GEHT'S:

Püriere zuerst die **Erdbeeren** zu einem Brei und gib diesen dann zusammen mit dem **Zitronensaft** und dem **Zucker** in einen Kochtopf. Gib dann die **Argatine** dazu, erhitze alles zusammen und lasse es dann 2 Minuten kochen.

Anschließend gibst du die heiße Masse in kleine Förmchen. Dafür eignen sich am besten kleine Silikonförmchen z.B. für Eiswürfel etc.

Eine Portion enthält:

19 kcal ***Energie***

0,1 g ***Fett***

4 g ***Kohlenhydrate***

0,2 g ***Eiweiß***

SÜSSKARTOFFELTOAST

ITALIA

ZUTATEN

für eine Portion

100g Süßkartoffel

1 EL Olivenöl

1 Knoblauchzehe

n.B. Gartenkräuter

etwas Salz

etwas Pfeffer

SO GEHT'S:

Die **Süßkartoffel** in 1-2 cm dicke Scheiben schneiden (nur so dick, dass sie noch in den Toaster passen).

Die „Toastscheiben" 2-3 Durchgänge auf längster Stufe toasten. In der Zwischenzeit kannst du schon den **Knoblauch** fein hacken.

Erst nach dem Toasten die Süßkartoffelscheiben mit etwas **Olivenöl** bestreichen.

Mit **Knoblauchwürfeln, Gartenkräutern, Salz** und **Pfeffer** bestreuen und fertig ist das #FakeToast.

Eine Portion enthält:

180 kcal *Energie*

10 g *Fett*

20 g *Kohlenhydrate*

2 g *Eiweiß*

POWERKUGELN

ZUTATEN

für vier Portionen

100g Haferflocken

40g getrocknete Aprikosen

30g Kokosnussmus

50g Agavendicksaft

10g Kakaopulver

SO GEHT'S:

Schneide die **Aprikosen** in feine Würfel und vermische dann **alle anderen Zutaten, bis auf den Kakao**, zu einer festen Masse.

Gib nun etwas **Kakaopulver** in eine große Schale und forme nun mit den Händen kleine Kugeln aus dem Haferteig. Gib sie anschließend in die Schale mit dem Kakao und schwenke sie so lange, bis sie rund herum braun sind.

Ps.: Ein klasse Snack für zwischendurch und im Kühlschrank halten sich die Powerkugeln mehrere Tage.

Eine Portion enthält:

226 kcal *Energie*

8,2 g *Fett*

30 g *Kohlenhydrate*

5,5 g *Eiweiß*

SCHNELLE REZEPTE

Fastfood ist ungesund ? Nicht bei uns! Die folgenden Rezepte aus meinem Kochbuch „Vegan und schnell“ werden dir beweisen, wie leicht und schnell du gesunde vegane Rezepte auf deinen Teller zaubern kannst! Und das alles auch noch ohne teure Fertigprodukte!

Und wenn du beim Kochen noch mehr Zeit sparen möchtest, dann empfehle ich dir mal einen Blick ins Vegan und Schnell zu werfen, denn dort erfährst du außerdem die X besten Strategien für Küche und Einkauf um entspannt und trotzdem schnell an dein Lieblingsessen zu kommen. Es lohnt sich!

Und hier findest du es: http://bit.ly/veganundschnell
Und jetzt viel Spaß in der Schnellen Küche!

SUSHIBOWL
MIT ERDNUSSSAUCE

ZUTATEN
für vier Portionen

200g Reisnudeln

1 Avocado

2 Karotten

1 rote Paprika

1 kleinen Salatkopf

1 Bund Petersilie

1 EL Sesam

25g Erdnüsse

FÜR DIE ERDNUSS-SAUCE

100g Erdnussbutter

1 TL Sojasauce

2 TL Limettensaft

1-2 EL Ahornsirup

1 Knoblauchzehe

½ TL Chilipulver

2 TL warmes Wasser zum Verdünnen

SO GEHT'S:

Die **Reisnudeln** nach Packungsanleitung kochen. In der Zwischenzeit **Karotten** und **Paprika** in etwa 5 cm lange und dünne Streifen schneiden. Salat in Streifen schneiden und zusammen mit den Karotten und der Paprika in die beiden Bowls geben. Reisnudeln dazugeben und **Avocado** darüber fächern. Mit **Sesam**, **Erdnüssen** und **Petersilie** bestreuen.

Für die Erdnussbutter-Sauce **alle Zutaten** in einen Mixer geben und so lange mixen, bis die Sauce schön cremig ist. Über die Bowls verteilen und genießen! *Eine Portion enthält:*

420 kcal ***Energie***

25 g ***Fett***

58 g ***Kohlenhydrate***

15 g ***Eiweiß***

ONE POT PASTA

ZUTATEN
für vier Portionen

500 g Spaghetti

1 Zwiebel

2 Knoblauchzehen

400 g gehackte Tomaten

2 EL Oregano

1 L Gemüsebrühe

2 EL Olivenöl

Salz Pfeffer, Chiliflocken

n. B. etwas Agavendicksaft

SO GEHT'S:

Spaghetti in der Mitte durchbrechen und in den einen großen Topf geben. **Zwiebeln** und **Knoblauch** in feine Streifen schneiden und zusammen mit den gehackten **Tomaten** und dem **Oregano** in den Topf geben. Mit der kochenden **Gemüsebrühe** übergießen und das **Olivenöl** hinzufügen.

11 Minuten kochen lassen und dabei alle zwei Minuten umrühren. Mit **Salz**, **Pfeffer**, **Agavendicksaft** und **Chiliflocken** abschmecken.

Eine Portion enthält:

490 kcal ***Energie***

5,2 g ***Fett***

90 g ***Kohlenhydrate***

26,3 g ***Eiweiß***

KOKOS-LIMETTEN-
PASTA

ZUTATEN
für drei Portionen

250g Spaghetti

200g Zuckerschoten

1 Limette

50g Wasabi-Nüsse

1 kleine Zwiebel

300ml Kokosmilch

1-2 EL Sojasauce

10g Gemüsebrühe

n.B. Agavendicksaft

Pfeffer

SO GEHT'S:

Zuckerschoten putzen und schräg in 2 cm große Stücke schneiden. **Limette** heiß waschen, trocknen und 2 Tl Schale fein abreiben. **Limettensaft** auspressen und **Wasabi-Nüsse** grob hacken.

Zwiebel fein würfeln und in einer beschichteten Pfanne im heißen **Öl** glasig braten. **Kokosmilch** zugeben und bei mittlerer Hitze 5 Minuten ohne Deckel einkochen lassen.

Inzwischen **Nudeln** in reichlich kochendem Salzwasser nach Packungsanweisung bissfest garen. 3 Minuten vor Ende der Garzeit die **Zuckerschoten** zu den Nudeln geben und alles zusammen zu Ende garen.

Gib die Brühe zur Sauce und lass sie kurz aufkochen. Mit **Sojasauce** und 2 EL **Limettensaft** würzen und mit **Agavendicksaft** und **Pfeffer** abschmecken.

Nudeln abgießen, kurz abtropfen lassen und mit der Sauce mischen. Mit den Wasabi-Nüssen bestreut anrichten.

Eine Portion enthält:

505 kcal ***Energie*** | **21,3 g** ***Fett*** | **75,6 g** ***Kohlenhydrate*** | **14,2 g** ***Eiweiß***

TERIYAKITOFU

MIT CHICORÉE

ZUTATEN

für eine Portion

200g Tofu
(z.B. Mandel-Nuss-Tofu)

5 EL Teriyaki-Sauce

2 Schalotten

1 Knoblauchzehe

10g frischen Ingwer

1 rote Paprikaschote

1 Chicorée

2 EL Olivenöl

1 Limette

2 EL geröstete Erdnüsse

1 TL Rohrzucker

150 ml Gemüsebrühe

½ Bund Koriandergrün

SO GEHT'S:

Schneide den **Tofu** erst in 1 cm dicke Scheiben, dann in ebenso dicke Streifen. Den Tofu mit 5 El **Teriyaki-Sauce** bestreichen und abgedeckt abstellen. Die **Schalotten** in dicke Halbringe schneiden. Den **Knoblauch** und **Ingwer** fein hacken, die **Paprika** in Streifen schneiden. Den **Chicorée** quer in 2 cm breite Streifen schneiden.

Öl in einer großen beschichteten Pfanne erhitzen. Den Tofu aus der Marinade nehmen und im heißen **Öl** bei mittlerer Hitze rundum goldbraun braten und dann herausheben.

Bei Bedarf wieder etwas Öl in die Pfanne geben, die Schalotten, Ingwer und den Knoblauch darin 2 Minuten unter Rühren braten. Paprika dazugeben und 2 Minuten weiter braten. Mit 1 TL **braunem Zucker** bestreuen und schmelzen lassen.

Chicorée und Tofu unterheben, 150 ml **Gemüsebrühe** und die Tofu-Marinade zugeben und aufkochen. 1 TL fein abgeriebene **Bio-Limettenschale** zugeben.

Mit Salz und **Pfeffer** abschmecken und mit 1-2 Spritzern **Limettensaft** verfeinern.

Jetzt nur noch mit etwas **Koriandergrün** und den **Erdnüssen** toppen und fertig. *Eine Portion enthält:*

361 kcal ***Energie*** | **19,6 g** ***Fett*** | **21,1 g** ***Kohlenhydrate*** | **22,6 g** ***Eiweiß***

HAUPTGERICHTE

QUINOA-
SALAT

ZUTATEN
für zwei Portionen

150g Quinoa

50g Cashews

150g Kirschtomaten

Lauchzwiebeln

50g Rucola

1 rote Paprika

30g Cranberries

100ml Hafercuisine

10g Weinessig

10g Ahornsirup

Salz

Pfeffer

Paprikapulver

SO GEHT'S:

Wasche den **Quinoa** kurz ab und gebe ihn dann in einen großen Kochtopf mit Wasser. Lass es aufkochen und dann bei geringer Hitze 15 Minuten köcheln.

In der Zwischenzeit kannst du die **Lauchzwiebeln** in kleine Ringe schneiden, die **Tomaten** halbieren oder vierteln und die **Paprika** in kleine Würfel schneiden.

Wenn der Quinoa fertig ist, gieße es durch ein Sieb ab und gib es in eine große Schüssel. Gib dann das geschnittene Gemüse, die **Cashewnüsse** und die **Cranberries** dazu und vermische es gut miteinander.

Im nächsten Schritt gibst du die **Hafercreme**, den **Essig**, den **Ahornsirup** und die **Gewürze** hinzu und verrührst alles zusammen, bis die Sauce und die Gewürze sich gleichmäßig überall verteilt haben. Erst kurz vor dem Servieren solltest du den **Rucola** etwas klein schneiden und ihn über den Quinoasalat streuen, dann bleibt er schön knackig und frisch.

Eine Portion enthält:

583 kcal ***Energie*** | **20,6 g** ***Fett*** | **77 g** ***Kohlenhydrate*** | **18 g** ***Eiweiß***

KICHERERBSEN-
SCHNITZEL MIT POMMES

ZUTATEN
für drei Portionen

200g Kichererbsen aus der Dose

2 Schalotten

1-2 Knoblauchzehen

2 EL Kartoffelstärke

50g Paniermehl

1 TL Senf

50g Hafercreme

20g Caschewnüsse

50g Kokosöl

FÜR DIE POMMES:

500g Kartoffeln

10g Kokosöl

2TL Paprikapulver

1TL Gemüsebrühe

Schwarzer Pfeffer

SO GEHT'S:

Heize zuerst den Backofen auf 200°C Umluft vor und schneide die **Kartoffeln** in kleine Sticks. Gib sie dann in eine große Schale, gib das **Kokosöl** und die Gewürze hinzu und vermische alles, bis die **Pommes** gleichmäßig mit **Öl** und **Gewürzen** bedeckt sind. Das geht am besten mit den Händen.

Schiebe deine Pommes dann in die mittlere Schiene für ca. 30 Minuten in den Backofen.

Zubereitung für das Schnitzel: Gib **alle Zutaten** (bis auf das Öl) in einen Mixer und mixe es zu einer glatten Masse. Forme aus dieser dann deine Schnitzel in beliebiger Größe und Form.

Erhitze das **Kokosöl** in einer beschichteten Pfanne und lasse deine Schnitzel von jeder Seite 2-3 Minuten heiß anbraten, bis sie eine schöne Bräune haben.

Lege sie anschließend auf Küchenrolle um das überschüssige Fett abzutropfen und lege die Schnitzel dann für 7 Minuten mit in den Ofen zu den Kartoffeln.

Eine Portion enthält:

480 kcal ***Energie*** | **24 g** ***Fett*** | **50 g** ***Kohlenhydrate*** | **11 g** ***Eiweiß***

BURGER ALLA VEGETARIA

ZUTATEN

für vier Burger

4 Burgerbrötchen

2 Tomaten

n.B. Saure Gurken und Röstzwiebeln

½ Rote Paprika

40g Walnüsse

4 EL Kokosöl

FÜR DIE PATTYS:

250g schwarze Bohnen

70g Haferflocken

3 EL Leinsamen

1 TL Misopaste

1 TL Thymian

Schwarzer Pfeffer aus der Mühle

150g Kräuterseitlinge (alt. Champignons)

1 EL Olivenöl

1 TL Salz

FÜRS DRESSING:

3 TL vegane Mayonaise

20g Cashewkerne

1 TL Senf

4 EL Sojamilch

SO GEHT'S:

Lasse zu erst die **Leinsamen** ca 10 Minuten einweichen. Vermische nun rund 70% der **Bohnen** mit den Haferflocken der **Misopaste** und den **Gewürzen** und püriere sie zu einer feinen Masse.

Schneide die **Pilze** in grobe Stücke und brate sie mit wenig **Öl** (3-4ml), etwas **Salz** und **Pfeffer** etwa 5 Minuten an.

Hacke die **Zwiebeln** in feine Stücke und gib sie zusammen mit den eingeweichten **Leinsamen**, den **Pilzen**, den restlichen **Bohnen** und den **Walnüssen** zu der Burgermasse. Püriere alles noch einmal KURZ grob durch.

Forme 4 Pattys aus deiner Burgermasse und brate sie im **Kokosöl** ca. 5 Minuten von beiden Seiten an.

Für das Dressing: Püriere die **Cashewkerne** zusammen mit der **Mayonnaise**, dem **Senf** der **Sojamilch** und etwas **Pfeffer**. Fertig.

Jetzt musst du deinen Burger nur noch zusammenbauen und genießen!

Eine Portion enthält:

859 kcal ***Energie*** **44 g** ***Fett*** **85,6 g** ***Kohlenhydrate*** **26,3 g** ***Eiweiß***

FALAFELTALER

MIT KRÄUTERRAHMSAUCE

ZUTATEN
für vier Portionen

250g Kichererbsen aus der Dose

1 Zwiebel

3 Zehen Knoblauch

9 EL Mehl

3 EL gehackte Petersilie

1TL Kreuzkümmel

1TL Koriander

1TL Weinstein-Backpulver

½ TL Kurkuma

40g Kokosöl

FÜR DIE SOSSE:

200ml Hafercreme-Cuisine

1 Schalotte

1 kleine Zehe Knoblauch

Ein halbes Bund Schnittlauch

Ein halbes Bund Petersilie

Schwarzer Pfeffer

1,5 TL Gemüsebrühe-Pulver

SO GEHT'S:

Lasse die **Kichererbsen** abtropfen und spüle sie unter kaltem Wasser ab. Schäle die **Zwiebeln** und den **Knoblauch** und schneide sie in grobe Stücke.

Püriere die Kichererbsen nun mit den Zwiebeln und dem Knoblauch, so dass eine cremige Paste entsteht. Gib dann die **Gewürze** hinzu und vermische alles gut miteinander.

Gib das Püree dann in eine Schüssel und gib löffelweise das **Mehl** unter, während du mit einem Schneebesen rührst. Wenn der Teig glatt ist und du das Mehl komplett untergehoben hast, rühre als letztes noch das **Backpulver** unter.

Forme zuletzt noch dein Falafel zu kleinen Talern und brate sie in heißem Kokosöl ca. 3 Minuten von beiden Seiten.

Für die Soße: Schneide die Schalotte in feine Stücke, und brate sie in etwas Öl leicht 3 Minuten an. Presse dann den Knoblauch dazu und brate ihn 2 Minuten mit an. Vermische nun die Kräuter und Gewürze mit der Hafercreme und lösche die Pfanne damit ab. Lasse die Soße aufkochen und dann noch bei leichter Hitze 2 Minuten köcheln.

Eine Portion enthält:

290 kcal ***Energie*** **14,8 g** ***Fett*** **34 g** ***Kohlenhydrate*** **5,2 g** ***Eiweiß***

CHILI
SIN CARNE

ZUTATEN
für vier Portionen

250g Kartoffeln
(überwiegend festkochend)

200g rote Linsen

2 Dosen Kidneybohnen

1 Dose Mais

1 Dose passierte Tomaten

1 Zwiebel

2 Zehen Knoblauch

3 EL Olivenöl

10g Agavendicksaft

1TL Paprikapulver

Etwas Chiliflocken

n.B. Schwarzer Pfeffer
aus der Mühle

n.B. ca. 1 TL Salz

900ml Gemüsebrühe

SO GEHT'S:

Bereite zuerst das **Gemüse** vor damit es nachher reibungslos klappt. Schneide also die **Zwiebel**, den **Knoblauch**, die **Kartoffeln** und die **Möhren** in kleine Würfel. Die Kartoffelstücke können natürlich größer sein als die Zwiebelwürfel.

Erhitze nun das **Olivenöl** in einem großen Topf oder einer großen Pfanne und dünste die Zwiebeln und den Knoblauch glasig. Gib dann die Kartoffelwürfel hinzu und lasse sie noch kurz (ca. 2 Min.) mitdünsten.

Lösche dann mit der Gemüsebrühe ab, gib anschließend die **Linsen** dazu und lasse sie dann ca. 20 Minuten köcheln.

Gieße den **Mais** und die **Kidneybohnen** ab und spüle sie kurz unter klarem Wasser ab, dann gib sie zusammen mit den **passierten Tomaten und allen Gewürzen** mit in den Topf und lasse alles zusammen noch gut 5 Minuten ziehen.

Eine Portion enthält:

415 kcal ***Energie*** — **7 g** ***Fett*** — **60 g** ***Kohlenhydrate*** — **21,3 g** ***Eiweiß***

GEFÜLLTE PAPRIKA

ZUTATEN

für eine Portion

2 Paprika

2 Schalotten

75g Couscous

150ml Gemüsebrühe

20g Cashewmus

20g Wasser

1TL Schwarzer Pfeffer
aus der Mühle

n.B. Salz

1 TL Paprikapulver

1TL Curcuma

Schwarzer Pfeffer
aus der Mühle

SO GEHT'S:

Köpfe die **Paprika** und entferne die Kerne. Schneide die **Schalotten** in kleine Stücke und lasse sie kurz mit dem **Olivenöl** dünsten.

Lösche sie dann mit der **Gemüsebrühe** ab und gib sofort den **Couscous** dazu. Lass dann die Gemüsebrühe zusammen mit dem Couscous aufkochen und anschließend ca. 5 Minuten quellen. Würze den Couscous dann mit **Paprikapulver, Curcuma, Salz und Pfeffer.**

Fülle die Paprika mit dem Couscous und schiebe ihn 8 Minuten bei 180 °C Umluft in den Backofen. Mische, während die Paprika im Ofen ist, das **Cashewmus** mit dem Wasser, etwas Salz und Pfeffer und erhitze es bei mittlerer Hitze unter ständigem Rühren.

Garniere die fertigen Paprika dann mit der Cashewcreme.

Eine Portion enthält:

378 kcal ***Energie*** **10 g** ***Fett*** **60 g** ***Kohlenhydrate*** **12 g** ***Eiweiß***

HOKKAIDO
POMMES

ZUTATEN
für eine Portion

1 Bio Hokkaido Kürbis

15g Kokosöl

1TL Paprikapulver

Viel Schwarzer Pfeffer

1TL Gemüsebrühe (Pulver)

1-2 EL Teriyakisoße / Sojasauce

SO GEHT'S:

Natürlich zuerst den Backofen vorheizen und zwar auf 190°C Umluft. Wasche dann einen **Bio-Hokkaido Kürbis** kurz heiß ab und halbiere ihn. Schabe mit einem Löffel die Kerne und die weiche Masse heraus und schneide ihn in kleine dünne Streifen.

Gib die fertigen Kürbisstreifen in eine große Schale, gib etwas **Kokosöl** hinzu, und dann **alle Gewürze**. Vermische alles gut miteinander und lege die „Pommes" auf ein mit Backpapier ausgelegtes Backblech oder einen Rost.

Lass die Pommes, je nach der von dir gewünschten Konsistenz, zwischen 18 und 24 Minuten im Backofen.

Eine Portion enthält:

280 kcal ***Energie*** | **19 g** ***Fett*** | **30 g** ***Kohlenhydrate*** | **12 g** ***Eiweiß***

ASIA
PFANNE

ZUTATEN
für zwei Portionen

2 Spitzpaprikas

300g Champignons

300g Brokkoli

100g Kaiserschoten

1 Dose Kokosmilch

2cm Ingwer

1-2 EL Gelbe Currypaste

1 Zitrone

1 TL Kurkumapulver

Paprikapulver

1 TL Gemüsebrühe

Schwarzer Pfeffer
aus der Mühle

2 EL Kokosöl

1 kleine Zwiebel

3 Zehen Knoblauch

2 EL Agavendicksaft

SO GEHT'S:

Bereite zunächst das Gemüse vor. Schneide dafür die **Paprika** in kleine Streifen oder Stückchen, die **Champignons** in Viertel, den Brokkoli in kleine Röschen und die **Kaiserschoten** einmal in der Hälfte durch. Schneide außerdem die Zwiebel in kleine Stücke, presse den **Knoblauch** und hacke den Ingwer in feine Stücke!

Erhitze nun eine große Pfanne oder einen Wok und gib das **Kokosöl** hinein. Brate anschließend den Brokkoli kurz sehr heiß an, wenn du siehst, dass er an vereinzelten Stellen leicht braun wird, gib die Kaiserschoten, die Zwiebeln, den Ingwer und die Paprika dazu. Lass alles gemeinsam ca. 3-5 Minuten braten, währenddessen kannst du schon die Gewürze untermischen. Gib danach den Knoblauch dazu und lasse ihn noch 2 Minuten mitbraten, bevor du alles mit **Kokosmilch** ablöschst.

Rühre dann die die Currypaste unter und presse den Saft einer halben **Zitrone** hinein. Raspel dann noch etwas von der Schale hinein und lasse alles zusammen 3 Minuten köcheln und schmecke es mit Salz und **Agavendicksaft** ab.

Toppen kannst du nach dem Servieren super mit **Cashewnüssen**.

Eine Portion enthält:

214 kcal ***Energie***

6,9 g ***Fett***

23,8 g ***Kohlenhydrate***

12,3 g ***Eiweiß***

SPÄTZLE
MIT FILETS AN ORANGENSAUCE

ZUTATEN
für vier Portionen

FÜR DIE SPÄTZLE

250g Mehl

3EL Sojasauce

100ml Hafermilch

10g vegane Butter

1/2 TL Curcuma

15g Hafercuisine

FÜR DIE FILETS

100g Soja-Medaillons

1l Gemüsebrühe

20g Kokosöl

15g Sojasauce

Pfeffer
aus der Mühle

evt. Salz

FÜR DIE ORANGENSAUCE

Saft von 4 Bio-Orangen

150ml Gemüsebrühe

1,5EL Mehl

15g vegane Butter

2 Schalotten

1 Knoblauchzehe

150ml Hafercuisine

150ml Rotwein

1TL Paprikapulver

n.B. Chilifäden

1TL Salz

Etwas Orangenschale

SO GEHT'S:

Spätzle: Gib **alle Zutaten** zusammen und verrühre sie zu einem glatten Teig. Gib so lange noch etwas **Mehl** dazu, bis der Teig nicht mehr klebt. Lass den Teig dann 15 Minuten ruhen. Jetzt hast du Zeit die restlichen Teile vorzubereiten. Übergieße die Sojafilets in einer großen Schale mit kochender **Gemüsebrühe** und lasse diese einweichen, wie es die Verpackungsanleitung vorgibt. Presse in der Zeit die **Orangen** aus und schneide die **Zwiebeln** in sehr feine Würfel. Nimm die **Sojamedallions** dann aus der Brühe und stelle sie für später auf die Seite.

Nun geht es an die Soße: Erhitze die **„Butter"** in einem Topf und dünste die **Zwiebeln** an. Wenn diese leicht glasig sind, gib das **Mehl** dazu und lasse es 1-2 Minuten unter Rühren braten. Lösche dann mit der **Gemüsebrühe** ab. Gib den **Rotwein** hinzu und lasse die Soße 3 Minuten kochen, gib dann auch die auch den **Orangensaft**, und die **Hafercuisine** dazu. Presse den **Knoblauch** in die Soße, gib die **Gewürze** hinzu und schmecke mit **Salz**, **Pfeffer** und **Gemüsebrühepulver** ab. Lass die Soße dann auf geringer Hitze die restliche Zeit ziehen.

Brate nun die **Sojamedallions** im heißen Kokosöl sehr scharf an, bis sie eine Kruste bilden. Stelle dann die Hitze etwas runter, würze sie mit **Paprikapulver, Pfeffer** aus der Mühle und etwas **Gemüsebrühepulver**. Gib dann die **Sojasauce** hinzu und lasse sie noch 3 Minuten weiter braten. Stelle sie danach zum Warmhalten bei 60°C in den Backofen. Erhitze nun für die Spätzle einen großen Topf mit viel (gesalzenem) Wasser. Wenn das Wasser köchelt, presse den Spätzle-Teig Portion für Portion durch eine Spätzle- oder Kartoffelpresse in das köchelnde Wasser. Wenn die Spätzle oben schwimmen sind sie fertig und du kannst sie mit einer Schaumkelle herausnehmen.

Richte den Teller mit den Spätzle und den Filets an, garniere mit der Orangensauce und toppe alles noch mit etwas geriebener **Orangenschale**. *Eine Portion enthält:*

525 kcal ***Energie*** 12,2 g ***Fett*** 53,2 g ***Kohlenhydrate*** 25 g ***Eiweiß***

KARTOFFELPUFFER

MIT BLITZAPFELMUS

ZUTATEN

für drei Portionen

600g Kartoffeln

½ Zucchini

1 Möhre

2 Schalotten

5EL Kichererbsenmehl

20g Kokosöl

Für das Apfelmus

300g Apfel

1EL Vanillezucker

1EL Apfelsaft

SO GEHT'S:

Schäle die **Kartoffeln** und die **Möhre** und wasche die **Zucchini** gründlich ab.

Reibe Die Kartoffeln, die Zucchini und die Möhre grob, gib sie zusammen in einen Topf und gib das **Kichererbsenmehl** hinzu. Verrühre alles zusammen und ergänze noch etwas **Salz** und **Pfeffer.** Bringe deine Puffer in die gewünschte Form und lasse sie in einer großen Pfanne im heißen Öl braten. Von beiden Seiten ca. 3-5 Minuten, bis sie die für sich ideale Bräune haben.

Schneide die **Apfel** in kleine Stücke, gib sie in einen Topf zusammen mit dem **Vanillezucker** und dem **Apfelsaft** und lasse es mit geschlossenem Deckel 4 Minuten „köcheln". Je nach deinem Wunsch kannst du sie jetzt noch schnell pürieren und fertig ist dein Apfelmus.

Eine Portion enthält:

311 kcal ***Energie*** **7,4 g** ***Fett*** **54 g** ***Kohlenhydrate*** **5,3 g** ***Eiweiß***

REGENBOGEN-
SPIESSE

ZUTATEN
für zwei Portionen

10 Edelstahlspieße

4 halbe Paprika
(gelb, orange, rot, grün)

30 Kirschtomaten
(10 rote, 10 gelbe & 10 Lila)

1 Karotte

1 rote Zwiebel

5 Babykartoffeln lila

5 Babykartoffeln normal

50g Olivenöl

1TL Paprika

2 Zehen Knoblauch

Schwarzer Pfeffer

½ TL Salz

SO GEHT'S:

Koche zuerst die **Kartoffeln** (getrennt!) kurz auf und lasse sie garen bis sie bissfest sind. Lass sie abkühlen und bereite in der Zwischenzeit die Marinade vor. Gib für die Marinade das **Olivenöl** in eine Schale, presse den **Knoblauch** hinein und gebe die **Gewürze** hinzu. Schneide nun die die **Zwiebel** in der Hälfte durch und blättere die Schichten auseinander. Schneide dann die **Paprika** in mundgerechte Stücke, die **Möhre** in Scheiben und beginne dann mit dem Aufspießen.

Beginne mit einer **roten Tomate**, einem Stück **roter Paprika**, dann die **orangene Tomate**, gefolgt von der **orangenen Paprika** und einer Scheibe **Karotte**. Anschließend die **gelbe Tomate, gelbe Paprika** und der halben **gelben Kartoffel**. Dann eine Scheibe **Zucchini**, **grüne Paprika**, eine Scheibe der **roten Zwiebel,** dann eine **lila Tomate** und zum Schluss eine halbe **lila Tomate**.

Mache alle Spieße fertig und bestreiche sie mit der Marinade.
Wenn die Marinade etwas eingewirkt hat (ca. 20 Minuten) kannst du deine Spieße ca. 8 Minuten auf den Grill legen. Du solltest sie dabei mindestens 2-mal wenden.

Eine Portion enthält:

365 kcal ***Energie*** | **25 g** ***Fett*** | **27 g** ***Kohlenhydrate*** | **4,2 g** ***Eiweiß***

MUM's KARTOFFELSALAT

ZUTATEN
für drei Portionen

750g festkochende Kartoffeln

1 mittelgroße Zwiebel

250ml Wasser

1 EL Gemüsebrühe

1EL Senf

3 EL Kräuteressig

3EL Olivenöl

Etwas Salz

Weißer Pfeffer

1 Bund Schnittlauch

SO GEHT'S:

Koche die **Kartoffeln** in wenig Wasser bis sie gerade weich sind, sozusagen Al dente. Gieße sie ab und lege sie in eine Schale kaltes Wasser. Schneide die **Zwiebeln** in Ringe und brate sie ein ½ EL heißem **Öl** etwas an, bis sie leicht braun sind.

Mische für die Sauce den **Senf**, das Wasser, das **Öl**, **Salz** und **Pfeffer** miteinander und schneide den Schnittlauch hinein. Pelle nun die Kartoffeln, schneide sie in dünne Scheiben und gib sie mit den **Röstzwiebeln** und dem Dressing in eine große Schale und verrühre alles vorsichtig.

Als Topping noch etwas **Schnittlauch** über den Kartoffelsalat streuen und voila!

Eine Portion enthält:

260 kcal ***Energie*** **5,7 g** ***Fett*** **45,1 g** ***Kohlenhydrate*** **5,8 g** ***Eiweiß***

VEGANE GENIESSER-
PIZZA

ZUTATEN
für zwei Portionen

250g feines Dinkelmehl

1/4 Würfel frische Hefe

1 Prise Salz

100ml warmes Wasser

2 EL Olivenöl

FÜR DIE SOSSE:

1 Dose Pizza Tomaten

1 Schalotte

1 Zehe Knoblauch

1TL Majoran

1TL Oregano

2EL Olivenöl

2 EL Agavendicksaft

½ TL Gemüsebrühe

Schwarzer Pfeffer
aus der Mühle

SO GEHT'S:

Gebe das **Mehl** in eine Schüssel und forme in der Mitte eine Mulde. Löse dann den **Hefewürfel** in 100 ml lauwarmen Wasser auf und gieße es in die Mehlmulde. Träufle anschließend das **Olivenöl** darüber und dann kann das Kneten anfangen. Fange am besten damit an, langsam von innen nach außen das Wasser mit dem Mehl zu vermischen bis du immer mehr Mehl mit dem „Teig" vermischst. Knete den Teig solange, bis er eine feste, nicht klebrige Masse hat und lasse ihn dann zugedeckt in einer Schüssel 30 Minuten an einem warmen Ort stehen.

Während der Teig ruht, schneide die **Schalotte** in kleine Würfel oder Ringe und brate sie in heißem **Olivenöl** an. Presse dann den **Knoblauch** dazu und lösche den Pfanneninhalt mit den gehackten Tomaten ab. Gib die Gewürze und den **Agavendicksaft** dazu und lasse alles zusammen einmal aufkochen. Rolle den fertigen Teig in deiner Wunschform aus, aber so dünn wie möglich! (Ja, es geht mehr als einfach nur rund - sei ruhig kreativ!). Bestreiche ihn mit der Soße und belege deine Pizza nach Wahl. **Champignons**, **Paprikastreifen** und veganer Pizzakäse sind eine leckere Kombination. Probiere einfach aus, worauf du Lust hast. Heize den Backofen so heiß wie möglich 250° C vor und schiebe die Pizza für 15 - 20 Minuten in den heißen Backofen.

Eine Portion enthält:

575 kcal *Energie* · **13 g** *Fett* · **82,9 g** *Kohlenhydrate* · **6,5 g** *Eiweiß*

ITALIENISCHE GEMÜSEPFANNE

ZUTATEN

für drei Portionen

2 Paprika

300g Kirschtomaten

2 kleine Zucchinis

3 Orangen

½ Gemüsezwiebel

3 Zehen Knoblauch

70 ml Weißwein

3 EL Olivenöl

2 EL Oregano

1EL Majoran

½ TL Paprikapulver

½ TL Kurkuma

2 TL Gemüssebrühe

Schwarzer Pfeffer aus der Mühle

n.B. Salz

SO GEHT'S:

Schneide die **Paprika** in dünne Streifen, die **Zucchini** in dünne halbkreisförmige Scheiben und viertel die **Kirschtomaten**. Würfle dann die **Zwiebeln** und erhitze das **Olivenöl** in einer großen Pfanne. Wenn das Öl heiß ist, gib die Zwiebeln dazu und brate sie ca. 3 Minuten an. Gib dann die Paprika und die Zucchini dazu. Gib die **Gewürze** dazu, presse den **Knoblauch** in die Pfanne und lasse alles noch ca. 5 Minuten weiterbraten. Dann gib die Tomaten dazu und lasse sie 3 Minuten mitbraten.

Lösche deine Pfanne mit dem **Weißwein** ab und presse die **Orangen** aus. Gib dann den Saft der Orangen dazu, du kannst auch zusätzlich etwas **Orangenschale** raspeln und mit in die Pfanne geben. Dann sollten deine Orangen aber unbedingt Bio sein.

Lasse die Gemüsepfanne dann zum Abschluss noch 3 weitere Minuten köcheln.

Dazu passt super **Pizzabrot** oder auch **Reis / Quinoa**.

Eine Portion enthält:

424 kcal *Energie* **17 g** *Fett* **42,3 g** *Kohlenhydrate* **11 g** *Eiweiß* **6,7 g** *Alkohol*

DEIN BESONDERES ÜBERRASCHUNGS-

REZEPT

Hinter diesem QR-Code wartet etwas ganz Besonderes auf dich.

Eines meine persönlichen Lieblingsrezepte, super schnell gemacht und unglaublich lecker. Der perfekte Snack für zwischendurch, du wirst es lieben!

SUPPEN

KÜRBIS-
SUPPE

ZUTATEN
für zwei Portionen

1 Hokkaido Kürbis

1 Stange Lauch

3 Möhren

½ Sellerieknolle

2 Zwiebeln

½ Zucchini

200ml Kokosmilch

250 ml Wasser

Schwarzer Pfeffer
aus der Mühle

1TL Kurkuma

1 TL Paprikapulver

½ TL Muskatnuss

1 TL Curry

½ TL Chiliflocken

SO GEHT'S:

Wasche das **Gemüse** ab und schneide es in grobe Stücke. Gib dann das Wasser und das Gemüse zusammen in einen Topf und bringe es zum Kochen. Lasse es 20 Minuten köcheln bis das Gemüse mehr oder weniger weich ist.

Nimm es von der Kochplatte und püriere es mit einem Stabmixer bis eine feine Suppe entsteht. Gib dann die **Kokosmilch** dazu und lasse die Suppe 2 Minuten aufkochen.

Jetzt nur noch würzen und mit **Salz** abschmecken. Fertig!

Eine Portion enthält:

199 kcal ***Energie***

1,9 g ***Fett***

38,3 g ***Kohlenhydrate***

5,9 g ***Eiweiß***

LAUCH-HACK
SUPPE

ZUTATEN
für zwei Portionen

Veganes Hackfleisch
(Empfehlung: Like Meat)

2 rote Zwiebeln

1 große Stange Lauch

500ml Gemüsebrühe

500ml Hafersahne

1TL Majoran

3 EL Hefeflocken

Schwarzer Pfeffer
aus der Mühle

Salz

SO GEHT'S:

Schäle zuerst die **Zwiebeln** und schneide sie jeweils in 8 Stücke. Schneide nun den **Lauch** erst der Länge nach durch und schneide ihn dann in dünne Streifen. Bereite außerdem schon die Gemüsebrühe vor. Brate nun das **vegane Hackfleisch** in etwas **Olivenöl** an und gib nach 2-3 Minuten den Lauch dazu.

Brate den Lauch 3 Minuten mit und lösche dann mit der **Gemüsebrühe** und der **Hafersahne** ab. Lasse alles zusammen aufkochen und gib dann den **Majoran** und die Hefeflocken dazu.

Nachdem die Suppe 20 Minuten geköchelt hat, schmecke sie noch mit **Salz** und **Pfeffer** ab und garniere sie, wenn du möchtest mit etwas **gehacktem Lauch.**

Eine Portion enthält:

725 kcal ***Energie*** **17,1 g** ***Fett*** **27,7 g** ***Kohlenhydrate*** **21,4 g** ***Eiweiß***

SÜSSKARTOFFELN-
ERDNUSS-SUPPE

ZUTATEN
für vier Portionen

Ca. 500g Süßkartoffeln

1 Zwiebel

1 Knoblauchzehe

10ml Olivenöl

1 Liter Gemüsebrühe

75g Erdnüsse

1 Dose Kokosmilch

Saft einer halben Limette

Etwas Salz

Schwarzer Pfeffer
aus der Mühle

SO GEHT'S:

Schneide zuerst die **Zwiebeln** klein und presse den **Knoblauch**. Schneide dann auch die **Süßkartoffel** in kleine Stückchen und brate alles zusammen in heißem **Olivenöl** an. Lösche alles nach 3 Minuten mit der **Gemüsebrühe** ab, nur so viel, bis alles knapp mit Brühe bedeckt ist.

Lass die werdende Suppe 15 Minuten köcheln und gib dann die **Erdnüsse** und die Kokosmilch hinzu und lasse die Suppe noch 3 Minuten köcheln, bevor du sie mit einem Pürierstab zu einer feinen Suppe mixt.

Gib zum Schluss noch den **Limettensaft, Salz** und **Pfeffer** hinzu und garniere die angerichtete Suppe mit etwas geraspelter **Limettenschale**.

Eine Portion enthält:

280 kcal ***Energie***

12,5 g ***Fett***

35,4 g ***Kohlenhydrate***

8,3 g ***Eiweiß***

SÜSSE VERFÜHRUNGEN

PAULS BANANENSPLIT
ROHKOSTTORTE

ZUTATEN
für 16 Stücke

400g Datteln
entsteint und ungeschwefelt

200g gemahlene Mandeln

2 Bio Orangen

3 Avocados

8 Bananen

2 EL Mandelmus

3 EL Kakaopulver

3 EL Chiasamen

2 EL Kokosraspeln

SO GEHT'S:

Hacke zu aller erst die **Datteln** in grobe Stücke und presse den **Saft einer Orange** hinzu. Püriere die Datteln zusammen mit dem Saft in einem großen Gefäß. Gib dann die gemahlenen **Mandeln** dazu und verrühre es zu einer glatten Masse. Lege nun eine Springform mit Backpapier aus und verstreiche den „Teig“ mit nassen Händen zu einem Kuchenboden.

Entferne für die Kuchencreme die Schale und Kerne der **Avocados** und gib das Fruchtfleisch zusammen mit 6 geschälten **Bananen** in ein hohes Gefäß. Presse nun die zweite Orange aus, gib dann Saft mit in das Gefäß und rasple noch etwas Schale mit hinein. Gib nun auch den **Kakao** und das Mandelmus hinzu und püriere es zu einer glatten Masse. Rühre dann nur noch die **Chiasamen** mit einem Löffel unter und bestreiche den Tortenboden mit der Creme.

Zu guter Letzt nur noch mit etwas **Kokosflocken** garnieren und für 4-6 Stunden kaltstellen.

Eine Portion enthält:

245 kcal ***Energie***

11,4 g ***Fett***

30 g ***Kohlenhydrate***

5,1 g ***Eiweiß***

BLAUBEER-
MUFFIN

ZUTATEN
für acht Portionen

60g Rohrzucker

100ml Kokosöl

200g Dinkelmehl

½ Pck. Weinsteinbackpulver

1Pck. Vanillezucker

80ml Hafermilch

150 Heidelbeeren

2 EL Ahornsirup

SO GEHT'S:

Vermische **Zucker, Mehl, Backpulver und Vanillezucker** miteinander und menge dann das **Öl** und die **Hafermilch** unter. Gib die **Heidelbeeren** in eine Schale und gib den **Ahornsirup** darüber.

Nimm dir nun eine Silikonform und spüle sie mit kaltem Wasser aus (nicht einfetten!).

Gib nun die Hälfte des Teiges in die Muffinformen, gebe die Heidelbeeren dazu und dann den restlichen Teig obendrauf.

Bei 160°C Heißluft 25 Min. backen, bis sie leicht braun sind.

Eine Portion enthält:

244 kcal *Energie* | **13 g** *Fett* | **28 g** *Kohlenhydrate* | **4 g** *Eiweiß*

ENERGIE-
KUGELN

ZUTATEN
für 10 Kugeln

120g getrocknete Maulbeeren

70g Sonnenblumenkerne

60g Datteln

45g Haferflocken

1TL Vanille

n.B. Kokosflocken / Kakao

SO GEHT'S:

Gib die **Maulbeeren**, die **Sonnenblumenkerne** und die Haferflocken in eine Schüssel und mixe sie, bis sie fein sind.

Gib dann die **Datteln** und die Vanille dazu und mixe alles zusammen bis eine feste, knetbare Masse entstehen. Forme sie zu kleinen Kugeln und rolle sie z.B. in Kokosflocken oder Kakao.

Eine Portion enthält:

85 kcal ***Energie*** 3,9 g ***Fett*** 9,3 g ***Kohlenhydrate*** 2,5 g ***Eiweiß***

ROHKOSTBROWNIE
DELUXE

ZUTATEN
für 20 Brownies

425g Datteln
(ungeschwefelt)

250g Walnüsse

120g gemahlene Mandeln

120g ungesüßtes Kakaopulver

1 Prise Salz

SO GEHT'S:

Weiche zuerst die **Datteln** in einer großen Schüssel mit Wasser ein. Am besten so, dass alle Datteln komplett mit Wasser bedeckt sind. Mixe in der Zwischenzeit die Hälfte der **Walnüsse** bis sie der Konsistenz von **gemahlenen Mandeln** gleichen.

Gieße nach 15 Minuten das restliche Wasser von den Datteln ab und gib die Datteln und die gemahlenen Mandeln in den Mixer, bis daraus ein feiner Teig entsteht. Dann gib das **Kakaopulver** und eine Prise **Salz** dazu und mixe es noch einmal kurz.

Hacke nun die restlichen Walnüsse in grobe Stücke und rühre sie unter den Teig. Rolle den Teig nun ca. 1 cm dick aus und stelle ihn mindestens 1 Stunde in den Kühlschrank.

Jetzt musst du ihn nur noch in deine gewünschte Form schneiden und du bist der Held auf jeder Party!

Eine Portion enthält:

206 kcal ***Energie*** **12,7 g** ***Fett*** **16,7 g** ***Kohlenhydrate*** **4,7 g** ***Eiweiß***

VEGANE MILCH UND AUFSTRICHE

HAFERMILCH

ZUTATEN
für ca. 1 Liter

100g Haferflocken

1000ml Wasser

1 Prise Salz

5g Agavendicksaft
(wenn du es süß magst, auch mehr)

SO GEHT'S:

Bring das Wasser zum Kochen und gib die Haferflocken, **Salz** und **Agavendicksaft** hinzu. Stell die Platte nun aus und rühre alles gelegentlich um.

Lass die Mischung abkühlen und püriere sie dann, bevor du sie durch ein Leinentuch fließen lässt. Wenn du die gesamte Flüssigkeit abgegossen hast, kannst du das Leinentuch mit den festen Bestandteilen noch auspressen.

Fertig ist deine Hafermilch. Je nach Wunsch kannst du diese auch mit **Vanille** oder Zimt würzen.

100ml enthalten:

42 kcal ***Energie***

1,5 g ***Fett***

6,5 g ***Kohlenhydrate***

1 g ***Eiweiß***

HOKKAIDO-
KICHERERBSEN-AUFSTRICH

ZUTATEN

1 Dose gekochte Kichererbsen

250g Hokkaido Kürbis

n.B. Salz & Pfeffer

1 El Olivenöl

n.B. 1 Knoblauchzehe

SO GEHT'S:

Schneide den **Kürbis** in kleine Stücke und lasse ihn in Wasser solange kochen bis er weich ist.

Gieße die **Kichererbsen** ab, heb dabei einen Teil des Wassers auf. Dies könnte noch nützlich werden.

Wenn der Kürbis weich ist, gib ihn zusammen mit den anderen Zutaten in einen Mixer und verarbeite alles zu einer feinen Creme. Falls die Creme dir zu trocken erscheint, kannst du noch etwas von dem Kichererbsenwasser hinzufügen.

100ml enthalten:

84 kcal ***Energie***

3,3 g ***Fett***

9,5 g ***Kohlenhydrate***

2,6 g ***Eiweiß***

TOSCANA-
CREME

ZUTATEN

200g Linsen

150g getrocknete Tomaten in Öl

Saft einer halben Zitrone

½ TL Korianderpulver

n.B. schwarzer Pfeffer

SO GEHT'S:

Koche die **Linsen** und lasse sie abtropfen.

Püriere nun **alle Zutaten** miteinander und fertig ist dein Brotaufstrich

100g enthalten:

120 kcal **Energie**	1,7 g **Fett**	17,5 g **Kohlenhydrate**	8,5 g **Eiweiß**

Autor und Selbstverleger: Philipp Nied / Wildenbruchstr. 50 / 12435 Berlin
Covergestaltung und Satz: Alexander Adams
Druck: Amazon Media EU S.à r.l., 5 Rue Plaetis, L-2338, Luxembourg
Coverfoto: Adobestock.de

Alle Angaben in diesem Buch wurden vom Autor sorgfältig recherchiert und auf den aktuellen Stand gebracht, sowie mehrfach überprüft. Für die Richtigkeit der Angaben kann jedoch keine Haftung übernommen werden. Für Hinweise und Anregungen sind wir jederzeit dankbar.

Bitte richten sie diese an:

Philipp Nied
Mail: philipp@chexma.com

29822481R00043

Printed in Poland
by Amazon Fulfillment
Poland Sp. z o.o., Wrocław